Printed in the USA
CPSIA information can be obtained
at www.ICGtesting.com
LVHW071113031124
795199LV00017B/24

Sophia and Alex
Go to Preschool

סופיה ואלכס
הולכים לגן הילדים.

By Denise Bourgeois-Vance
Illustrated by Damon Danielson

Children
Bilingual
Books

Book 1 of 11 from the "Sophia and Alex" Series

"To my six siblings who raised one another after the passing of our mother Muriel"

Published 2023 by Advance Books LLC Renton, WA
Printed in the United States of America

Library of Congress Control Number: 2020900822
ISBN: 979-8-89154-007-1

Sophia and Alex Go to Preschool
Summary: Details of Sophia and Alex's first day of preschool

Address all inquiries to:
Advance Book LLC
info@childrenbilingualbooks.com
For book orders visit: childrenbilingualbooks.com

English copy editing by Jen Lyons
Translated by Tal Imagor

Cover and interior design by Marcia Danielson

Today is Sophia and Alex's first day at their new school.

היום הוא היום הראשון של סופיה ואלכס בבית הספר החדש שלהם.

״אני כל כך שמחה לפגוש אותך. אני גברת אנה, ואני אהיה המורה שלך. חלק מהילדים מרגישים קצת עצובים כשההורים שלהם הולכים, אבל מתוכננות לנו המון פעילויות מהנות היום,״ אומרת גברת אנה.

“I’m so happy to meet you. I’m Miss Anna, and I will be your teacher. Some children feel a little sad when their parents leave, but we have lots of fun activities planned for the day,” says Miss Anna.

"כאן תשמרו את כל החפצים שלכם בזמן שאתם בבית הספר," מסבירה גברת אנה.
"אולי התא האדום לאלכס, והתא הירוק לסופיה?" מציעה גברת אנה. אלכס מחייך.
"אדום הוא הצבע האהוב עליי."

"This is where you will keep your things when you are at school," explains Miss Anna. "How about the red cubby for Alex, and the green cubby for Sophia?" suggests Miss Anna.

Alex smiles. "Red is my favorite color."

"איך אנחנו נפרדים לשלום?" אמא שואלת. "אמא תמיד חוזרת," אלכס עונה. אמא פושטת את ידיה. "הגיע הזמן לחיבוק אמא המיוחד שלי!" היא נותנת לסופיה ואלכס חיבוק גדול." תיהנו שניכם היום עם גברת אנה ועם כל חבריכם החדשים," היא אומרת.

“How do we say goodbye?” Mom asks.
“Mommy always comes back,” Alex answers.
Mom holds her arms out wide. “Time for my special mommy hug!”
She gives Sophia and Alex a big hug. "You two have fun today with Miss Anna and all your new friends,” she says.

לאחר שכל הילדים הגיעו לבית הספר, גברת אנה מתחילה לשיר את שיר המעגל. ״זהו זמן המעגל, זהו זמן המעגל, זה הזמן לומר שלום!״ בזמן שהילדים הולכים למעגל, כל אחד מהם בוחר צבע. אלכס בוחר את העיגול האדום. סופיה מתיישבת על הירוק. ג׳ייד בוחרת את הצהוב, בגלל שזה תואם לסרט הצהוב שלה.

After all the children have arrived at school, Miss Anna starts singing the circle song. “It’s circle time, it’s circle time, it’s time to say hello!” As the children go to circle, they each choose a color. Alex chooses the red circle. Sophia sits on the green. Jade chooses yellow because it matches her yellow ribbon.

הרבה ילדים יכולים לשלב את רגליהם ולשמור את הידיים שלהם לעצמם. ״בואו נגיד כולנו שלום לחברים החדשים שלנו,״ אומרת גברת אנה.

״הולה,״ אומרת איזבלה. ״זה שלום בספרדית.״

ג׳ייד מחייכת ומוסיפה ״ני האו״ בסינית.

Many of the children are able to fold their legs and keep their hands to themselves. “Let’s all say hello to our new friends,” Miss Anna says.
“Hola,” says Isabella. “That’s Spanish for hello."
Jade smiles and adds “Nǐ hǎo” in Chinese.

״היום נדבר על רגשות,״ גברת אנה מתחילה. ״איך אתם מרגישים היום, סופיה ואלכס?״ סופיה מרגישה שמחה. אלכס מרגיש ביישן. איזבלה נרגשת. אדם מרגיש מפוחד. ״זה בסדר שיש חברים עם רגשות שונים,״ מסבירה גברת אנה.

"Today we will talk about feelings," Miss Anna begins. "How are you feeling today, Sophia and Alex?" Sophia feels happy. Alex feels shy. Isabella feels excited. Adam feels scared. "It's okay to have friends with different feelings," explains Miss Anna.

אחרי זמן המעגל, גברת אנה אומרת לילדים להתכונן להפסקת האוכל. "שטפו ידיים בבקשה ושבו במקומותיכם," היא אומרת בנימוס. "ראשית אני מרטיב את ידיי, לאחר מכן אני לוקח סבון, ואז אני רוחץ, רוחץ, רוחץ, ואז מייבש, מייבש, מייבש," מזמר אדם בשעה שהוא שוטף את ידיו.

After circle time, Miss Anna tells the children to get ready for snack time. “Please wash your hands and take your seats,” she says politely. “First I get my hands wet, then I get the soap, and then I wash, wash, wash, then dry, dry, dry,” chants Adam as he washes his hands.

״אנחנו מתרגלים נימוסים טובים בהפסקת האוכל,״ גברת אנה אומרת. ״קחו שלושה גזרים ושלושה קרקרים והעבירו את האוכל לחבריכם.״ הילדים מעבירים בתורם את האוכל מסביב כך שכולם מקבלים מנה שווה. ״אני אוהבת גזרים,״ אומרת סופיה, ״ארנבים אוכלים גזרים, בדיוק כמוני.״

“We practice good manners at snack time,” Miss Anna says. “Take three carrots and three crackers then pass the snacks on to your friends.” The children take turns passing the food around so that everyone gets their fair share.

“I like carrots,” says Sophia. “Bunnies eat carrots, just like me.”

״זה הזמן לנקות,״ אומרת גברת אנה, ״לאחר מכן נוכל לצאת החוצה ולשחק.״
התלמידים עוזרים אחד לשני לנקות את השולחנות ולשים את האשפה בפחים.
הילדים מסתדרים בשקט מול הדלת. ג׳ייד היא המובילה היום מכיוון שהקשיבה
יפה במעגל.

“It’s time to clean up,” says Miss Anna, “then we can go outside to play.” The students help each other clear the tables and place their garbage in the garbage bins.

The children quietly line up at the door. Jade is the line leader today since she was a good listener at circle.

"כשאנחנו בחוץ, זה הזמן לשחק, לשחק, לשחק!" אומרת גברת אנה. כל הילדים משחקים עד שצריך לחזור ולהסתדר שוב...

"When we are outside, it's time to play, play, play!" says Miss Anna. All the children play until it's time to line up again.

"אחת, שתיים, שלוש! ספרו איתי!" מזמרת גברת אנה, ומרימה שלוש אצבעות. "מה הוא המספר שאחרי המספר שלוש?" היא שואלת. אלכס מרים את ידו לענות.

"ארבע!" הוא עונה בביטחון.

“One, two, three! Count with me!” chants Miss Anna, holding three fingers up. “What comes after the number three?” she asks.
Alex raises his hand to be called on. “Four!” he answers with confidence.

"האם אתם מכירים את האלפבית שלכם?" שואלת גברת אנה. "נקרא על האלפבית. ואז נשיר על האותיות שיר." סופיה ואלכס מצטרפים לשיר למרות שהם עדיין לא יודעים את כל המילים.

“Do you know your ABCs?” Miss Anna asks. “Let’s read about the ABCs. Then we’ll sing a song about them.” Sophia and Alex join in the song even though they don’t know all the words yet.

״בסדר, חברים! זהו הזמן לבחור!״ אומרת גברת אנה. הילדים חופשיים לשחק או להביט בספרים. אלכס בוחר לצייר קשת בהירה על כן הציור. סופיה מצטרפת אל שרה בשולחן הטבע.

“Okay, friends! Choice time!” says Miss Anna. The children are free to play or look at books. Alex chooses to paint a bright rainbow at the easel. Sophia joins Sara at the nature table.

גברת אנה מתחילה לשיר ולמחוא כפיים. "הגיע הזמן לנקות! הגיע הזמן לנקות!" היא מביטה סביב החדר. "אהבתי את הדרך שסופיה ערמה את הקוביות בצורה מסודרת." "בואו להגיד להתראות לכל החברים שלנו," אומרת גברת אנה.
"אורריוואר," זארי אומר לסופיה בצרפתית. "אלווידה" מוסיף ריאן בהודית. אלכס מחייך ומנופף. "ביי!"

Miss Anna starts to sing and clap her hands. “Time for cleanup! Time for cleanup!”

She looks around the room. “I like the way Sophia is neatly stacking blocks.”

“Let’s say goodbye to all our friends,” Miss Anna says.

“Au revoir,” Zari says to Sophia in French.

“Alvida!” adds Ryan in Hindi.

Alex smiles and waves. “Bye!”

Alex and Sophia greet their mother with a big hug. “Mom! Mom!” says Sophia. “Can we come back tomorrow to see all our new friends?”

אלכס וסופיה מברכים את אמא שלהם בחיבוק גדול. ״אמא ! אמא !״ אומרת סופיה.
״האם אנו יכולים לחזור מחר לראות את כל החברים החדשים שלנו ?״